Sylvia Safdie

THE INVENTORIES
OF INVENTION

LES INVENTAIRES DE
L'IMAGINAIRE

This publication has been made possible by contributions from the Canada Council, the Friends' Committee of the Art Gallery, the Tom Thomson Memorial Art Gallery and an anonymous donor.
Cette publication a bénéficié de l'appui du Conseil des Arts du Canada, du Comité des Amis de la Galerie, de la Tom Thomson Memorial Art Gallery et d'un donateur anonyme.

Sylvia Safdie: The Inventories of Invention was produced by the Leonard and Bina Ellen Art Gallery, Concordia University and presented from September 10th to November 1st, 2003.
L'exposition *Sylvia Safdie : Les inventaires de l'imaginaire* a été organisée par la Galerie Leonard et Bina Ellen de l'Université Concordia où elle a été présentée du 10 septembre au 1er novembre 2003.

Publication Coordination/Coordination de la publication :
Michèle Thériault
Curator/Commissaire : Irena Žantovská Murray
Essays/Essais : Irena Žantovská Murray, Stuart Reid
Editing/Révision : Paddy O'Brien
French Translation/Traduction vers le français : Lucie Chevalier
Design : Fugazi
Digitization/numérisation : Digital Collections Program, McGill University, Integria
Printing/Impression : Integria

Staff/Personnel
Direction : Michèle Thériault
Administrative Assistant/Adjointe administrative : Kelly MacKay
Education Coordinator/Coordinatrice de l'éducation : Piera Palucci
Curatorial Assistant/Adjoint à la conservation : John Latour
Technician/Technicien : Luigi Discenza
Office assistance/Appui administratif : Doreen Wittenbols

Galerie Leonard & Bina Ellen Art Gallery
Université Concordia University
1400, boul. de Maisonneuve ouest, LB 165
Montréal (Québec)
H3G 1M8
(514) 848-2424 poste 4750
ellengal@alcor.concordia.ca
ellengallery.com

ISBN 2-920394-61-4

Photo Credits/Crédits photographiques
Cover/Couverture : Sylvia Safdie
Kris Rosar : p. 35 (detail/détail)
Richard-Max Tremblay : pp. 2, 3, 6, 10, 13, 14, 15, 16, 17, 18, 20, 21, 30, 32, 36, 38, 39, 40, 41, 43, 44, 45, 46, 59.
Charles van den Ouden : pp. 35, 52 (installation view/vue de l'installation)

Canada Council for the Arts   Conseil des Arts du Canada

AVW·TELAV
Audio Visual Solutions/Solutions audiovisuelles

Leonard & Bina Ellen Art Gallery, 2003
Galerie Leonard & Bina Ellen, 2003

Sylvia Safdie

THE INVENTORIES OF INVENTION

LES INVENTAIRES DE L'IMAGINAIRE

Irena Žantovská Murray

Foreword

The Inventories of Invention is the fruit of Sylvia Safdie's restless curiosity and Irena Žantovská Murray's sensitive insights. Exhibitions that delve into the sources and processes of an artist's practice are of particular interest because of the various trajectories they invite us to trace through an artist's mind. *Sylvia Safdie: The Inventories of Invention* is such an exhibition, and the Leonard and Bina Ellen Gallery is pleased to present it to the public.

8

As the recently appointed director of the Leonard and Bina Ellen Gallery I have joined an enthusiastic, resourceful and dependable staff that I know will do their utmost to ensure the success of every project we commit ourselves to as they have for this exhibition.

I wish to express my appreciation to the editor Paddy O'Brien and the translator Lucie Chevalier whose competence is of the greatest reliability, and François Martin and Réjean Myette of Fugazi for their elegant design of the catalogue. We owe the generous loan of video equipment to the exhibition to AVW-TELAV Solutions audiovisuelles and I thank Dirk Bohns for making it possible. Finally my gratitude extends to the Canada Council, The Friends' Committee of the Art Gallery, The Tom Thomson Memorial Art Gallery and an anonymous donor for their contributions to the production of this publication.

Michèle Thériault
Director

Avant-propros

L'exposition *Les inventaires de l'imaginaire* est le fruit de la curiosité avide de Sylvia Safdie et de l'esprit pénétrant d'Irena Žantovská Murray. Des expositions qui fouillent les sources et processus d'une démarche artistique présentent un intérêt particulier en ce qu'elles nous invitent à tracer diverses trajectoires dans l'imaginaire d'un artiste. Et *Sylvia Safdie : Les inventaires de l'imaginaire* compte parmi ces expositions. C'est avec plaisir que la Galerie Leonard et Bina Ellen convie le public à la découvrir.

Ma nomination récente au poste de directrice de la Galerie Leonard et Bina Ellen m'a permis de m'associer à une équipe dynamique et ingénieuse sur laquelle on peut compter. Je suis convaincue qu'elle ne ménagera aucun effort pour mener à bien chacun des projets que nous entreprendrons, comme ce fut le cas pour celui-ci.

Je désire exprimer ma reconnaissance au réviseur Paddy O'Brien et à la traductrice Lucie Chevalier dont la compétence est gage de rigueur, et à François Martin et Réjean Myette de chez Fugazi pour leur présentation soignée du catalogue. Je suis redevable à AVW-TELAV Solutions audiovisuelles et à Dirk Bohns pour le prêt généreux du matériel vidéo. Je tiens également à exprimer ma gratitude au Conseil des Arts du Canada, au Comité des Amis de la Galerie, à la Tom Thomson Memorial Art Gallery et à un donateur anonyme pour leur contribution à la production de cette publication.

Michèle Thériault
Directrice

Sylvia Safdie: The Inventories of Invention

OF BODIES CHANGED TO OTHER FORMS I TELL…
IN ONE CONTINUOUS SONG FROM NATURE'S FIRST
REMOTE BEGINNINGS TO OUR MODERN TIMES.[1]

Ovid, *Metamorphoses*, trans. A.D. Melville

Ovid's magisterial proem to his *Metamorphoses*, written two millennia ago, voices the poet's yearning to sing of the great universal narrative of transformation in the continuum of time. For certain contemporary artists, and Sylvia Safdie is one of them, this formative vision is as alive today as it was at the beginning of our era. The polymorphous essence of all phenomena lies at the core of her empathetic engagement with organic form, an engagement which does not ignore the flux of the contemporary world but, rather, affirms its enduring qualities, its will to renewal and its potential.[2]

To her involvement with the natural world Safdie brings her own acute archaeology of consciousness. In drawings, sculpture, installations and, most recently, in her video work, she has advanced a vocabulary of forms – both mimetic and implicit – that, in their timelessness, embody a referential, even mythical, discourse of *poiesis* as *making*. In her work one is reminded of Marianne Moore's description of poetry as "an imaginary garden, with real toads in it."[3] Safdie is a raconteur of earth's narratives, a poet of the shoreline, a troubadour of stones scattered across the land, a lyricist of bedrock.

The raw material of the artist's work comes in many shapes, both natural and man-made. Natural forms, having stamped their permanent imprints on our perception, augment their eloquence through association with other forms – with what writers such as Peter Hulme and Marina Warner have described as 'congeners,' "materials through which one culture interacts and responds to another, conductors of energies that may themselves not be apparent or directly palpable in resulting transformations."[4] Hulme's observation that congeners "can cast light by virtue of their deeper similarities, independently of any putative influence"[5] is inherent in Sylvia Safdie's working methodology. The discipline of waiting pervades her work.

4 **Cabinet of Curiosities/Cabinet de curiosités** 1706
From Vincent Levin, *Het Wondertooneel der Nature,*
1706, Plate III.

She quietly observes the elements found in nature, and listens to them in the transitional confines of a studio, suspending time until their new nature becomes explicit in a reciprocal gesture between the artist and the material. Her patient meditation on what a given form implicitly longs to become reminds us of Simone Weil's observation that "absolutely unmixed attention is prayer."[6]

Over the years, inventories of the natural world have furnished the context, if not the content, of Sylvia Safdie's art: a wall-mounted syllabary of stones, petrified leaves, spidery roots, nests, seashells, bones, discarded carapaces, driftwood, fossils, giant seeds, pods, husks and crusts [cat. 2, 52]; a multi-hued thesaurus of soils gathered from all over the globe; a lexicon of images that apprehends nature in the sometimes barely perceptible passage of time through the still eye of a camera.

Together, they give the momentary impression of a modern Cabinet of Curiosities, a Renaissance mode of encompassing the Ovidian cosmos in miniature.[7] This cabinet-contained universe of often exotic natural specimens, their assemblage and ordering in the form of a pictorial inventory, culminated in such monumental efforts as those of the 18th century Dutch pharmacist Albert Seba and his four-volume *Thesaurus*, one of the most highly-prized natural history books of all time [cat. 4].[8]

Nevertheless, a fundamental difference exists between the static verisimilitude of Seba's inventories and Safdie's metamorphic urge to transcend ordered nature and the inventory mode, her drive to interpret forms removed from their places of origin in order to reveal both their singularity within, and their kinship with, the world of nature *and* the world of signs, with both taxonomy *and* semantics.

The common stem of the Latin *invenire* brings *inventory* – a record, catalogue, or stock of objects – into close proximity with its lexical relative, *invention* – an implicit dynamic act of discovery and creation propelled by the imagination. Invention and imagination constitute the fundamental *intervenants* that artists wield to tease meaning from mere congeries of objects. In his fragment of an essay titled *Imagination* Walter Benjamin emphasized how "the imaginative de-formation of objects is distinguishable by [being] without compulsion; it comes from within, [it] is free…"[9] This freedom informs Safdie's quest to give her found objects a new identity, along with an enhanced, symbolic significance, through their placement, their material form and the processes that have been identified as central to a metamorphic vision.

Marina Warner has singled out four dominant acts that enable metamorphosis as a 'defining dynamic' in literary discourse[10]: *mutating, hatching, splitting* and *doubling.* Analogous processes are clearly, and often

5   **Rimmonim, No. 1, No. 2, No. 3** 1988

6   Head No. 1 1997

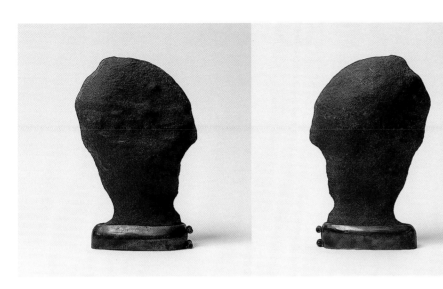

SYLVIA SAFDIE: THE INVENTORIES OF INVENTION

7　**Headstone No. 1** 1993

concurrently, discernible in the central aim of Safdie's work: to reveal the inward in the outward. In her very first sculpture, *Rimmonim* (1988) [cat. 5], for example, she brings out all the incipient toughness of the pomegranate's skin by casting it in bronze, splitting the fruit open to reveal the full promise of its fertile seeds, all the while positing the elements as autonomous, yet engaged in a heightened relationship of contiguity.

From her vast inventory of stones, Safdie effects a *triage* which brings together different 'congeners' – for example, the lithic physiognomies of metamorphic heads. The *Head No. 1* (1997) [cat. 6], individualized by its fragmented, two-piece composition, suggests both the sublime privilege of speech and its locus. By separating the head from its sound box, the resulting 'muteness' resides in the hollow of the stone, the two disjointed parts returned to rock in a kind of counter-metamorphosis. By contrast, another head sculpture, *Headstone* No. 1 (1993) [cat. 7], defies the confines of a roughly-hewn, inclined bust with its neck supported by a steel clasp casting dark shadows into the void. William Carlos Williams lines from his long poem *Paterson*, "in March – /the rocks/the bare rocks speak!" become manifest in Sylvia Safdie's eloquent stone heads.

By pairing or doubling certain forms, Sylvia Safdie has created an entire subdirectory of *feet* that, by their material voice, form and placement evoke a broad range of relationships, as well as affective situations. Questions of identity, proximity, alignment, abandonment, oppression and even irony suggested themselves to the artist in her long cohabitation with her inventory. A cast pair of feet like court jester's shoes (*Feet No. 110,* 2001) [cat. 22] curls up darkly next to a dust-encrusted pair of flat feet of translucent glass

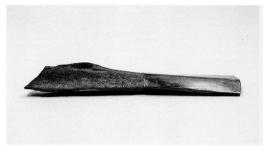

8   Steel/Stone No. 11 2000

9   Steel/Stone No. 7 1999

10   Steel/Stone No. 12 2000

(*Feet No. 200,* 1996) [cat. 23] and an implicit sound of distant marching, perhaps even a metallic stampede of other feet bound together by steel clasps, grows louder with every step. There is a sonorous, kinetic quality that emerges from their contact with the ground.

A natural outcome of Safdie's work with stone and stone fragments has been her involvement with the creation of *tools,* a theme suggested by the eloquence of forms in her petrified inventory. As Thomas Wynn has pointed out "tools, like other features of human culture, do participate in the semiotic domain in some very important ways."[11] Thus a tool can be used as an index that signals its referent by physical contiguity or it can be used as an icon of larger symbolic meanings. Like a cultural anthropologist, Sylvia Safdie has 'indexed' the mineral world of her fragments, and in her series *Steel/Stone* (1–15, 1998–2002) [cat. 8–12], has given meaning to these wedges of slate, these slivers of granite, obsidian and basalt, by emphasizing their acuity and their *destiny* as sharpeners, chisels, knives, trowels, gravers and scalpels. The steel or bronze sheaths and handles that extend or complete certain objects in the *Tool* series function as a double link with both the maker of these objects and their implied user. The relationship to language is palpable in pieces such as *Bronze/Stone* 1 and 2 (1996) [cat. 13, 14] where the artist completes certain material 'words' and so creates 'narratives' by the juxtaposition of the natural and the man-made.

Extension itself is the subject of *Conjunctions* (1999) [cat. 15–18], a wall installation of bronze and elec-troplated stems of wood with metal fittings that, like the ethnographic artifacts of some missing tribe, stretch and strain horizontally as if following an invisible arrow pointing backwards in time through the pierced space. The seeming disjunction between the title of the piece, which speaks to the action of joining,

11   **Steel/Stone No. 13** 2000

12   **Steel/Stone No. 14** 2002

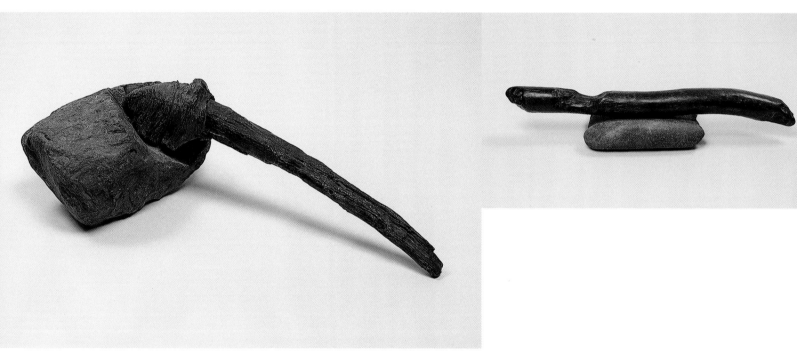

14 **Bronze/Stone No. 1** 1996

13 **Bronze/Stone No. 2** 1996

and the solitary, outward-bound nature of the spears, adds to their mysterious hold on the viewer's imagination. Extension makes other connections possible, brings energy and direction.

In recent years, Safdie's collection of *soils*, accumulated over a thirty-year period as a tangible reminder of her experiences as a traveller, has provided the impetus for *Earth* (1977–) [cat. 24–28], a powerful installation-in-progress whose genesis illustrates the process, and the itinerary, of transformation from a swelling inventory of samples labelled with the particulars of their geographic origins into a boldly conceived installation of some five hundred containers made of cast steel (themselves *objets trouvés* encountered in a plumbing supplies outlet).

Like some grand musical composition, animated by light and by the vibrant hues of its contents – alluvial deposits, rich mineral sediments, clays, sands and gravels – these pots of earth have been orchestrated to emit the collective *sound* of an archetypal landscape transformed by perception. Earth not only speaks, it sings. Each pot is like a note, its value signalled by colour and linked in a huge square pattern to other notes, other earths. The details of their geographic origins – the Sinai desert, the marshes of the Eastern Townships, the shores of the Bay of Haifa, or the roads of Roussillon – like the memories that arise from the nights spent camping beneath the stars, playing outside a childhood home or sipping wine in a country inn, have been effaced, yet made more forceful in the act of transformation. Devoid of labels, stripped of the names that once bound them to a point on the map, they speak of no one place, but, rather, of an earthen version of utopia.[12]

Individually, the steel bowls – originally plumbing caps – project a cool intimacy, fitting as they do into the palm of one's hand. [cat. 25–28] Viewed collectively, however, their synergy in a platoon of strictly ordered rows is majestic, monumental. Safdie's treatment of *Earth* brings out the fundamental importance of *texture* – from granularity to powdery dust, from rigidity to liquidity – qualities which themselves stand for the shifting and unstable nature of the *residual* – of our memories over time, of the transmogrifying power of passage. At the same time, texture conveys the very particularity of matter and reinforces the significance of scale in perception: specks can appear as large as boulders; indeed, they can even outweigh boulders.

16   **Conjunction No. 4** (detail) 1999

17   **Conjunction No. 3** (detail) 1999

18   **Conjunction No. 5** (detail) 1999

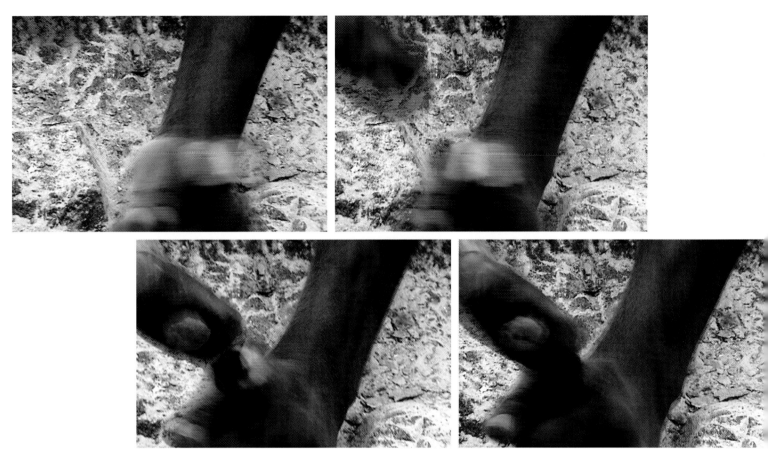

19 **Stone Cutter** (video stills) 2003

Earth itself acts as a constitutive medium in Safdie's series of drawings variously titled *Earth Notes*, *Earth Marks* and *Notations* [cat. 33–44]. These figurations, executed on mylar in earth pigments and oil, engage with the human form both singly and in groups. By their ambiguous scale, their smudged contours and their haunting, nomadic quality they suggest a meandering, even labyrinthine search for the nature of the self. Safdie's almost musical variations in these series strike by their insistency, like exclamation marks, in a landscape of motifs that we struggle to recover. At the same time, her rigorous, disciplined probing into an ostensibly simple theme underlies the strength of her technique and the compelling thrust of her organic medium.

The archetypal, essentialist character of Safdie's stick figures has an interesting counterpart in her delicately delineated *Notations* (2002–2003) [cat.35–44], a series of watercolour-and-graphite tree studies that apprehend the *élan vital* of the arboreal form as it resists the flux and chaos of its surroundings, surroundings that we cannot see but which are implied in the changing form itself: the sinuous position of the roots, the split trunk, the complicity of two trees huddled together, the scaled-down solitude of a tree fragment. In sharp contrast, in her *Tree No. A* (2002) [cat. 49], Safdie had addressed several aspects of the metamorphic process at once by *inverting* her bronze tree sculpture, *suspending* it by its roots and compelling us to answer to the irrevocable consequences of being uprooted, of the *absence of earth*.

Another example in which the earth acts as a powerful transformative agent is *Shifts* (2003) [cat. 32], a series of vertical scrims or screens 'composed' in space like a filter superimposed upon a desert – the recollection of storm streaking through the translucent sheets and scattering material traces of its passage that settle in grainy waves, and in startling, random patterns. Hanging in a phalanx of overlapping sails or veils, the work would have the attributes of a mirage were it not for the sandy stubble adhering to the delicate fabric of the material. It has the elusive quality of a fragment of narrative, or even, as Edmond Jabès has expressed it, of "one of those heady key-words for which we are veil and face, sand and horizon, to make stories surface from the bottom of our memory."[13]

The coupled narrative and metamorphic capacity of the mineral world are also strongly present in the series *Threshold No. 2* (2001) [cat. 29] – black slate earth, sand and glass installations in which Safdie uses projection and perception as pivotal reminders of the illusory quality of boundaries and of what they reveal. Divided by a glass screen and transformed by light, the palimpsestic 'reading' of two opposing sand piles – their origins in the respective epidermises of Haifa and Quebec's Eastern Townships effaced long ago, or that of a larger, more textured pile reflectively 'embedded' in the crown of an inverted bush – is about *alterity*, about the almost hermeneutical way in which the 'sum of all that we have been' is at the same time our destiny and our enigma.

The rich generative possibilities of *reflection* and *inversion* have been a long-time preoccupation of the artist. *Be'er No. 4* (1993) [cat. 45], a two-part framed mirror 'well,' posits Safdie's investigation vertically, reaching simultaneously 'below' the floor and 'beyond' the ceiling in order to 'un-earth' the luminous 'liquidity' of the cylindrical vessel. (The metonymical relationship between the container and its content is implicit in other signature Safdie projects, including *Keren No. 4* (1999), an illuminated copper barrel whose highly polished surfaces engage with the movement of the body around it to 'turn' the pages of a book – a bedrock of memory and a source of enlightenment.)[14] The association of light with spiritual wisdom and heightened awareness has, of course, a long lineage in philosophy and intellectual history: Ralph Waldo Emerson's observation that "from within or from behind, a light shines through us upon things and makes us aware that we are nothing, but the light is all"[15] is but one instance and reminds us of the central aims of the Transcendentalists.

Practically all of Sylvia Safdie's past investigations into the transformative processes of her inventory have informed her most recent work with video technology. Projects such as *Walter/Leaves* (2001), discussed elsewhere in this catalogue by Stuart Reid, testify to her ability to give a luminous, lyrical presence to the duality of decay. A new series of sensuous, strongly textured video works based on her recent travels in India includes *Stone Cutter* and *Foot* (both 2003) [cat. 19, 20]; this series of visual syncopations resonates with Safdie's own experience of divining forms out of the striated vastness of rock in which once audible sound has been suppressed to make space for the rhythm of the sculptor's movements. The hand bringing down the chisel is dematerialized, the will to abstraction transforms *Vessels* (2003) [cat. 47], a series of oil lamps once framed by a temple into a giant close-up, and finally *Flame* (2003) [cat. 48] floats independently in space, no longer attached to the wick or the vessel, no longer mere documentary, but an *essence*.

Ultimately, Sylvia Safdie's work represents a distillation of *reflection*: an action of turning, bending, or framing the object in order to adumbrate its relationships, both external and internal, spatial and temporal, affective and moral, within the world. Rainer Maria Rilke has written that "our task is to stamp this provisional, perishing earth into ourselves so deeply, so painfully and passionately, that its being may rise again, invisibly, in us."[16] This is the departure point for Sylvia Safdie's work.

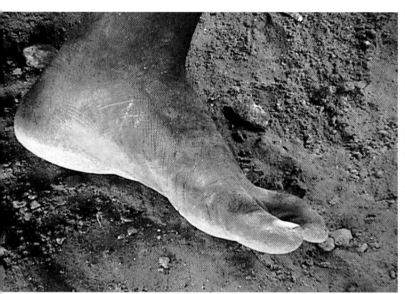

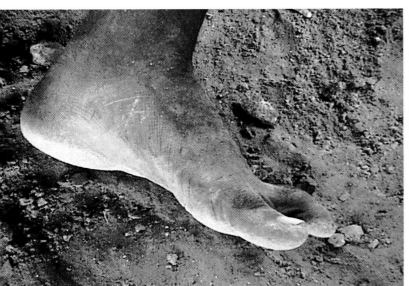 

20 **Foot** (video stills) 2003

In Ovid's *Metamorphoses*, after the antediluvian world has been washed away by inundation, the couple Deucalion and Pyrrha re-people the earth by casting stones over their shoulders; from every stone so cast a new, revivified being takes shape and the world becomes populous once again. This primordial regeneration is analogous to Sylvia Safdie's artistic explorations, which take earth's commonest objects – rocks, roots, leaves, twigs – and by dint of vision and imagination, revive them in transfigured forms. The objects, cast, as it were, over the artist's shoulder, are at once irreducibly themselves and yet undergo a transformation into something simultaneously pristine and ancient. Such metamorphosis, linking the microcosm of our human realm to infinite macrocosmic spheres, does not supplant original identity but magnifies and enhances it. This, it seems to me, is the fundamental action of art, exemplified throughout the present exhibition; or, as Ovid puts it:

> … As yielding wax is stamped with new designs
> And changes shape and seems not still the same,
> Yet is indeed the same, even so our souls
> Are still the same forever, but adopt
> In their migrations ever-varying forms.[17]

The act of grasping a stone at one's feet, in Deucalian mode, demands both acknowledgement and recognition – the elaboration of a perceptual inventory – but the magical metamorphosis lies in the casting. And this act, at once gesture and articulation – the physical object and its spiritualized shape; investiture of fresh meaning – suffuses all of Sylvia Safdie's work with its figural mystery.

Notes

1   Ovid, *Metamorphoses*, trans. A.D. Melville (Oxford & New York: Oxford University Press, 1986), Book I,[1].

2   James D. Campbell was the first to discuss empathy in relation to Safdie's work in his essay "The Empathic Moment," in *Sylvia Safdie* (Montréal: Saidye Bronfman Centre, 1987), 9–15; 34–44.

3   *The Norton Anthology of Poetry*, 4th ed., ed. Margaret Ferguson, Mary Jo Salter and Jon Stallworthy (New York & London: W.W. Norton, 1996), 1219.

4   Marina Warner, *Fantastic Metamorphoses, Other Worlds: Ways of Telling the Self* (Oxford: Oxford University Press, 2002), 18.

5   *Ibid.*, quoted from Peter Hulme, *Colonial Encounters: Europe and the Native Carribean 1492–1797* (London: Methuen, 1992), 93.

6   Simone Weil, *Gravity and Grace*, trans. Arthur Wills (New York: G.P. Putnam, 1952), 170.

7   Cf. Patrick Mauriès, *Cabinets of Curiosities* (London: Thames and Hudson, 2002).

8   Albertus Seba, *Loccupletissimi Thesauri Accurata Descriptio* (Amsterdam: n.p., 1734–1765), 4 vols. I would like to thank Eleanor MacLean, Head of the Blacker-Wood Library of Biology, McGill University, for introducing me to this important work.

9   Walter Benjamin, "Imagination," in *Selected Writings*, I, 1913–1926, ed. Marcus Bullock and Michael W. Jennings (Cambridge, London: The Belknap Press of Harvard University, 1996), 281.

10   Warner, 18–19.

11   Thomas Wynn, "Tools and Tool Behaviour," in *Companion Encyclopedia of Anthropology* (London, New York: Routledge), 1994, 133–162.

12   Jacques Rancière gave a perceptive form-generating description of utopia when he described it as "the power of mapping together a *discursive space* and a *territorial space*" in his essay "Discovering New World: Politics of Travel and Metaphors of Space," in *Traveller's Tales: Narratives of Home and Displacement*, ed. George Robertson (London: Routledge, 1994), 31.

13   Edmond Jabès, "The Book or the Four Phases of a Birth" in *The Book of Resemblances*, trans. Rosmarie Waldrop (Hanover, University of New England, 1992), 24.

14   Ilga Leimanis gave an important interpretation of this work in "Book Works as 'Memory Sculpture'," an unpublished paper given in the Department of Visual Arts, University of Rochester, March 2001. I appreciate her sharing the text with me.

15   Quoted in Barbara Novak, *Nature and Culture: American Landscape and Painting 1825–1875* (New York: Oxford University Press, 1980), 43.

16   Rainer Maria Rilke, *Briefe* (London: Hogarth Press, 1957), 898.

17   *Metamorphoses*, XV, 1986, 357.

Sylvia Safdie : Les inventaires de l'imaginaire

MON INTENTION EST DE PARLER DE FORMES MÉTAMORPHOSÉES
EN CORPS NOUVEAUX; DIEUX, QUI AVEZ PRIS PART À CES TRANSFORMATIONS,
INSPIREZ MON ENTREPRISE ET ACCOMPAGNEZ CE POÈME
QUI, DES ORIGINES DU MONDE JUSQU'À NOS JOURS, EST ÉTERNEL[1].

Ovide, *Les Métamorphoses*

Le magistral prologue des *Métamorphoses*, épopée mythologique composée par Ovide il y a deux mille ans, exprime le désir ardent du poète de chanter le récit universel de la transformation du continuum temporel. Pour certains artistes contemporains, et Sylvia Safdie est de ceux là, cette vision formatrice est aussi actuelle aujourd'hui qu'elle l'était au début de notre ère. Le caractère polymorphe de tout phénomène est au cœur de son engagement profond envers la forme organique, engagement qui non pas ignore les fluctuations de l'univers contemporain, mais en affirme les qualités durables, la volonté de renouveau et la potentialité[2].

Safdie enrichit son rapport étroit avec le monde naturel d'une archéologie de la conscience d'une rare acuité. Ses dessins, ses sculptures, ses installations et ses récentes œuvres vidéographiques expriment un vocabulaire de formes (mimétiques et implicites) qui, dans leur intemporalité, incarnent un discours référentiel, voire mythique de la *poiesis* en tant que *création*. Son œuvre rappelle la description que donne Marianne Moore de la poésie : « un jardin imaginaire, peuplé de véritables crapauds[3] ». Tour à tour, Safdie raconte la terre, chante la côte, jongle avec les pierres dispersées à travers le pays, prête voix au substrat géologique.

La matière première de son travail revêt de nombreuses formes, tant naturelles qu'artificielles. Les formes naturelles, ayant marqué notre perception de leurs empreintes, accroissent leur éloquence en s'associant à d'autres formes, à ce que des auteurs tels que Peter Hulme et Marina Warner ont décrit comme des « congénères », « des matériaux à travers lesquels une culture interagit avec une autre et y répond, des corps conducteurs d'énergies qui ne sont pas nécessairement apparentes ou directement palpables dans les

22   **Feet No. 110** 2001   23   **Feet No. 200** 1996

transformations résultantes[4] ». L'observation de Hulme selon laquelle les congénères « peuvent agir comme source d'illumination en vertu de leurs profondes ressemblances, indépendamment de toute supposée influence[5] » est inhérente à la méthodologie de Sylvia Safdie. Une discipline d'attente s'insinue dans son œuvre. Elle observe silencieusement les éléments trouvés dans la nature. Elle les écoutent dans les limites transitoires d'un atelier, arrêtant le temps jusqu'à ce que leur nouvelle nature se manifeste explicitement dans un geste réciproque entre l'artiste et le matériel. Sa lente méditation sur ce qu'une forme donnée aspire en silence à devenir n'est pas sans rappeler Simone Weil pour qui « l'attention absolument pure est prière[6] ».

Au fil des ans, les inventaires du monde naturel ont constitué le contexte, sinon le contenu, de l'art de Sylvia Safdie : un syllabaire mural réunissant pierres, feuilles pétrifiées, racines arachnéennes, nids, coquillages, os, carapaces abandonnées, bois flottés, graines, cosses, coques et croûtes géantes [cat. 2, 53]; un thésaurus multicolore de terres ramenées des quatre coins du globe; un lexique d'images qui appréhende la nature dans le passage parfois à peine perceptible du temps à travers l'œil fixe de la caméra.

Ensemble, ils donnent l'impression passagère d'un cabinet de curiosités moderne, pratique répandue durant la Renaissance permettant de reconstituer en miniature l'univers d'Ovide[7]. Cet univers de spécimens naturels et, pour la plupart, exotiques, assemblés et organisés à la manière d'un inventaire pictural, a trouvé son point culminant dans des efforts monumentaux tels que ceux du pharmacien hollandais du XVIIIe siècle Albert Seba et de son *Thesaurus* en quatre volumes – un des ouvrages d'histoire naturelle les plus prisés de tous les temps [cat. 4][8].

Ceci dit, il existe une différence fondamentale entre la vraisemblance statique des inventaires de Seba et la propension métamorphique de Safdie à transcender la nature organisée et le mode de l'inventaire, son besoin d'interpréter des formes dissociées de leurs lieux d'origine afin de révéler à la fois leur singularité et leur affinité avec l'univers de la nature *et* l'univers des signes, avec *et* la taxinomie *et* la sémantique.

Le radical commun du latin *invenire* établit une filiation lexicale entre *inventaire* – un relevé, un catalogue ou un ensemble d'objets – et *invention* – un acte dynamique de découverte et de création engendré par l'imaginaire. L'invention et l'imaginaire sont les agents « d'intervention » privilégiés des artistes qui cherchent à prêter un sens à un simple ramassis d'objets. Dans un de ses fragments de texte intitulé *Imagination* Walter Benjamin fait valoir que « la déformation des configurations par l'imagination » se distingue en ce « [qu'elle] n'obéit à aucune contrainte, elle vient de l'intérieur, est libre…[9] » C'est de cette liberté que se nourrit la quête entreprise par Safdie pour donner à ses objets trouvés une nouvelle identité, ainsi qu'une valeur symbolique enrichie, par leur placement, leur forme matérielle et les processus inhérents à une vision métamorphique.

Marina Warner a isolé quatre manifestations dominantes qui engendrent la métamorphose en tant que «dynamique déterminante» dans le discours littéraire[10] : *mutation*, *éclosion*, *division* et *doublement*. Des processus analogues sont clairement, et souvent simultanément, visibles dans l'objectif premier du travail de Safdie : révéler l'intérieur dans l'extérieur. Dans sa première œuvre sculptée, *Rimmonim* (1988) [cat. 5], elle fait ressortir la rugosité de l'écorce de la pomme grenade en la coulant dans le bronze, elle ouvre le fruit afin d'en révéler les grains qui se veulent promesse de fécondité. Malgré leur apparente autonomie, les éléments n'en sont pas moins liés par un rapport accru de contiguïté.

Puisant à même son vaste inventaire de pierres, Safdie effectue un triage qui réunit différents congénères – les physionomies lithiques des têtes métamorphiques, par exemple. Individualisé de par sa composition en deux fragments, *Head No. 1* (1997) [cat. 6] suggère à la fois le privilège sublime de la parole et son siège. Le mutisme engendré par la séparation de la tête et de sa boîte sonore réside au creux de la pierre, les éléments disjoints étant redevenus pierre au cours d'une «contre-métamorphose». Offrant un contraste saisissant, *Headstone No. 1* (1993) [cat. 7] défie les limites d'un buste incliné, d'une facture rudimentaire, avec son cou gangué d'acier qui projette des ombres fortes dans le vide. Les têtes lithiques de Sylvia Safdie prêtent leurs voix aux vers du poème épique *Paterson* de William Carlos Williams, «en mars – /les pierres/ les pierres nues parlent !».

En assortissant ou doublant certaines formes, Safdie a réussi à créer un sous-répertoire de *pieds* qui, par la matérialité de leur voix, de leur forme et de leur placement évoquent une vaste gamme de rapports et des situations affectives. Des questions d'identité, de proximité, d'alignement, d'abandon, d'oppression et même d'ironie se sont imposées à l'artiste au cours de sa longue cohabitation avec son inventaire. Une paire de pieds coulés en forme de chaussures de bouffon (*Feet No. 110*, 2001) [cat. 22] se recroquevillent à côté d'une paire de pieds en verre transparent recouverts de poussière (*Feet No. 200*, 1996) [cat. 23]; le bruit silencieux d'une marche lointaine, peut-être même d'une ruée métallique d'autres pieds enchaînés, s'amplifie avec chaque pas. Il émerge de leur contact avec le sol une énergie sonore, cinétique.

24 **Earth** (1977–)
Vue de l'installation à la Tom Thomson Memorial
Art Gallery, Owen Sound

36

25 **Earth No. 8** 1977
26 **Earth No. 221** 1993

27 **Earth No. 36** 1980
28 **Earth No. 390** 1999

Chez Safdie, la création d'*outils*, un thème sous-entendu par l'éloquence des formes dans son inventaire pétrifié, se veut un prolongement naturel de son travail avec la pierre et les fragments de pierre. Selon Thomas Wynn « les outils, au même titre que d'autres aspects de la culture humaine, jouent un rôle très important dans le domaine sémiotique[11] ». Ainsi un outil peut-il servir d'indice qui renvoie à son référent par le biais de la contiguïté physique ou être utilisé comme un icone de significations symboliques élargies. À la manière d'une anthropologue culturelle, Sylvia Safdie a « indexé » l'univers minéral de ses fragments. Sa série *Steel/Stone* (1–15, 1998–2002) [cat. 8–12] prête sens à ces plaques d'ardoise, ces éclats de granit, d'obsidienne et de basalte, en soulignant leur acuité et leur *sort* éventuel – affiloirs, ciseaux, truelles, ébauchoirs et scalpels. Les étuis et manches en acier ou en bronze qui prolongent ou complètent certains objets de la série *Tool* agissent comme un double lien entre leur créateur et l'usager éventuel. Le rapport avec le langage est palpable dans des œuvres comme *Bronze/Stone* 1 et 2 (1996) [cat. 13,14] où l'artiste complète certains « mots » matériels et construit des narrations à partir de la juxtaposition du naturel et de l'artificiel.

Le prolongement se veut le sujet de *Conjunctions* (1999) [cat. 15–18], une installation au mur de tiges de bois recouvertes de bronze avec des embouts en métal qui, à la manière des artefacts d'une tribu perdue, s'allongent et se tendent horizontalement comme si elles suivaient une flèche invisible qui remonte dans le temps à travers l'espace transpercé. La disjonction apparente entre le titre de l'œuvre, qui connote la jonction, et le caractère solitaire et extraverti des lances, ajoute au pouvoir mystérieux qu'elles exercent sur l'imaginaire du spectateur. Le prolongement engendre d'autres liens, il est porteur d'énergie et de direction.

La collection de *terres* de Safdie – souvenirs tangibles de trente ans de pérégrinations – a servi de prétexte à *Earth* (1977–) [cat. 24–28], une imposante installation en cours dont la genèse illustre le processus et l'itinéraire de la transformation d'un inventaire grossissant d'échantillons affichant leurs origines géographiques en une installation audacieuse de quelque cinq cent récipients en acier coulé (eux-mêmes des objets « trouvés » chez un détaillant de matériel de plomberie).

Animés par la lumière et les coloris vibrants de leur contenu – sédiments alluvionnaires et minéraux, argiles, sables et graviers –, ces bols de terre, telle une grandiose composition musicale, ont été orchestrés de manière à émettre le *son* collectif d'un paysage archétypal transformé par la perception. La terre non

29 Threshold No. 2 2001

31   **Sefer No. 60** 2000

seulement parle, elle chante. Chacun des bols agit comme une note, sa valeur déterminée par sa couleur et unie à d'autres notes, d'autres terres, à l'intérieur d'un vaste quadrillage. Bien qu'effacés par l'acte de transformation, les détails de leurs origines géographiques – désert du Sinaï, marais des Cantons-de-l'Est, rives de la baie d'Haïfa et chemins du Roussillon – de même que les souvenirs des nuits passées à la belle étoile, des jeux devant la maison familiale ou du vin dégusté dans une auberge de campagne, n'en demeurent pas moins aigus. Dépourvus d'étiquettes, privés des noms qui autrefois les associaient à un lieu sur la carte, ils ne parlent d'aucun lieu en particulier, mais offrent plutôt une version tellurique de l'utopie[12].

Individuellement, ces bols en acier, qui tiennent au creux de la main, procurent un sentiment à la fois d'intimité et de fraîcheur [cat. 25–28]. Collectivement, cependant, ils forment un peloton rigoureusement aligné duquel émane une synergie majestueuse, monumentale. *Earth* illustre l'importance fondamentale de la *texture* – du granuleux à la poussière fine, de la rigidité à la fluidité – des qualités qui incarnent la nature changeante et instable du *résiduel* – de nos souvenirs au fil des ans, du pouvoir métamorphosant du passage. Parallèlement, la texture communique la spécificité même de la matière et accentue l'importance de l'échelle dans la perception : des grains peuvent apparaître aussi imposants que des rochers, voire même les écraser.

La terre constitue l'essentiel de la suite de dessins aux titres divers de *Earth Notes*, *Earth Marks* et *Notations* [cat. 33–44]. Ces figures, exécutées sur mylar avec des pigments de terre et de l'huile, traitent de la forme humaine isolée et en groupe. Par leur échelle ambiguë, leurs contours imprécis et leur caractère nomade, lancinant elles suggèrent une quête sinueuse, voire labyrinthique de la nature du soi. Les variations quasi

32 **Shifts No. 1, No. 2, No. 3, No. 4, No. 5, No. 6** 2003
Vue dans l'atelier de l'artiste

musicales de Safdie résonnent, comme des points d'exclamation, dans un paysage de motifs que nous luttons pour récupérer. En même temps, son analyse rigoureuse d'un thème soi-disant simple sous-tend la vigueur de sa technique et le dynamisme irréfutable de son medium organique.

Le caractère archétypal, essentialiste des figures fil-de-fer de Safdie trouve un contrepoint intéressant dans une œuvre au tracé délicat intitulée *Notation* (2002–2003) [cat. 35–44]. Ces études d'arbres à l'aquarelle et à la mine de plomb saisissent l'élan vital de la forme arborescente qui résiste à la fluctuation et au chaos de son milieu, milieu implicite plutôt que perceptible dans la forme changeante : la sinuosité des racines, le tronc fendu, la complicité de deux arbres serrés l'un contre l'autre, la solitude réduite d'un fragment d'arbre. Dans *Tree No. A* (2002) [cat. 49], qui offre un contraste saisissant, Safdie aborde plusieurs aspects du processus métamorphique en *renversant* un arbre en bronze, en le *suspendant* par les racines et en nous forçant à répondre aux conséquences irrévocables du déracinement, de l'*absence de terre*.

Shifts (2003) [cat. 32] est un autre exemple où la terre intervient comme un puissant agent de transformation. Une enfilade de pans ou d'écrans verticaux évoquant un filtre superposé à un désert – réminiscences d'une tempête balayant les étendues transparentes et dispersant les traces matérielles de son passage, sillons granuleux aux motifs aléatoires et déroutants. Déployée dans une phalange de voiles ou de voilures qui se recouvrent, l'œuvre participerait du mirage si ce n'était des grains de sable adhérant au tissu vaporeux. Elle possède la qualité indéfinissable d'un fragment de récit ou même comme le dit Edmond Jabès « [d']un de ces mots clés, entêtés dont nous sommes le voile et le visage, le sable et l'horizon pour que surgissent, aussitôt, du fond de la mémoire, des histoires entendues, retrouvées ou vécues[13]. »

La série *Threshold No. 2* (2001) [cat. 29] exprime pleinement le potentiel narratif et métamorphique de l'univers minéral. Dans ces installations d'ardoise noire, de sable et de verre, la projection et la percep-

tion agissent comme des rappels essentiels de la qualité illusoire des frontières et de ce qu'elles révèlent. Séparés par un écran de verre et transformés par la lumière, la «lecture» palimpsestique de deux amas de sable – leurs origines dans les épidermes respectifs d'Haïfa et des Cantons-de-l'Est depuis longtemps effacées, ou celles d'un amas de sable plus imposant, plus grossier dont le reflet «habite» la cime d'un buisson renversé – porte sur l'*altérité*, sur la façon quasi herméneutique dont «la somme de tout ce que nous avons été» est à la fois notre destin et notre énigme.

Safdie s'intéresse depuis longtemps à la richesse des possibilités génératives du *reflet* et de l'*inversion*. *Be'er No. 4* (1993) [cat. 45], un puits-miroir à deux composantes, situe l'investigation de Safdie à la verti-cale, se prolongeant simultanément «sous» le plancher et «au-delà» du plafond pour «dé-terrer» la fluidité lumineuse du récipient cylindrique. (Ce rapport métonymique entre le contenant et son contenu est implicite dans d'autres œuvres de Safdie, dont *Keren No. 4* (1999). Il s'agit d'un tonneau en cuivre illuminé dont les parois polies s'associent au mouvement du corps circulant autour de lui pour tourner les pages d'un livre – substrat mnésique et source d'illumination[14].) L'association de la lumière avec la sagesse spirituelle et la conscience exacerbée est une tradition de longue date dans la philosophie et l'histoire intellectuelle. À témoin cette observation de Ralph Waldo Emerson qui se veut un rappel de l'objectif premier des transcendentalistes : «qu'elle nous habite ou qu'elle nous traverse, la lumière éclaire les choses et nous fait prendre conscience que nous ne sommes rien, alors que la lumière est tout[15].»

Le travail récent de Sylvia Safdie dans le domaine de la vidéo met à contribution la presque totalité de ses investigations intéressant le processus transformationnel de son inventaire. Des projets tels que *Walter/ Leaves* (2001), sujet du texte de Stuart Reid dans le présent catalogue, témoignent de son aptitude à conférer une présence lyrique, lumineuse à la dualité de la déchéance. Vidéos d'une sensualité et d'une texture prononcées, *Stone Cutter* et *Foot* (tous deux réalisés en 2003) [cat. 19, 20] comptent parmi les œuvres inspirées par ses récents séjours en Inde. Cette suite de syncopes visuelles fait écho à l'expérience qu'a Safdie de pressentir des formes à partir de l'immensité striée d'un rocher dans lequel un son autrefois perceptible a été supprimé pour faire place au rythme des mouvements du sculpteur. La main maniant le

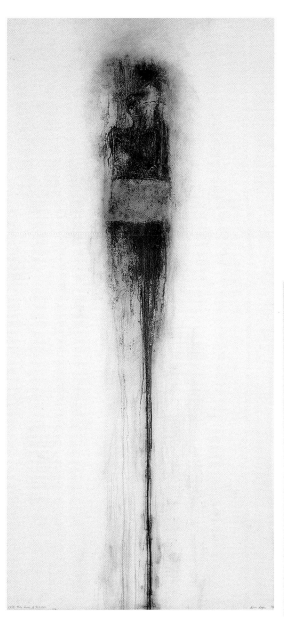

33   Earth Marks Series IX, No. 1 2001

34   Earth Marks Series IX, No. 3 2001

Notations pg. 477, 2001   *Sylvia Dafdie*

35   **Notations pg. 477** 2001
Collection particulière

Be'er No. 4 (détail) 1995

45 Be'er No. 4 1995
Installation permanente, Gallery 301, Chicago

ciseau est dématérialisée, la volonté d'abstraction transforme *Vessels* (2003) [cat. 47], une série de lampes à huile jadis encadrées par un temple, en un gros plan exagéré et, finalement, *Flame* (2003) [cat. 48] flotte dans l'espace, séparé de la mèche et du récipient, non plus simple documentaire, mais *essence*.

47

En fin de compte, le travail de Safdie représente une distillation du *reflet* : une opération consistant à tourner, plier ou encadrer l'objet afin d'en ébaucher les rapports, à la fois externes et internes, spatiaux et temporels, affectifs et moraux, à l'intérieur du monde. Rainer Maria Rilke a fait valoir que « notre tâche est d'imprimer en nous cette terre provisoire caduque, si profondément, si douloureusement que son essence ressuscite invisible en nous[16]. » Tel est le point de départ de la démarche de Sylvia Safdie.

Dans les *Métamorphoses* d'Ovide, Deucalion et son épouse Pyrrha, ayant échappé à la destruction du monde par le déluge, repeuplèrent la terre en jetant des pierres derrière leur épaule; de chaque pierre naquit un être humain et le monde fut de nouveau très peuplé. Cette régénération primordiale est analogue aux explorations artistiques de Safdie qui prennent les objets les plus communs de la terre – pierres, racines, feuilles, branches – et, à force de vision et d'imagination, les font renaître sous une autre forme. Les objets jetés derrière l'épaule de l'artiste sont manifestement irréductibles, mais se transforment néanmoins en quelque chose à la fois de pur et d'ancien. Cette métamorphose, qui établit un lien entre le microcosme du domaine humain et les sphères infinies du macrocosme, ne supplante pas l'identité originale, mais plutôt l'amplifie et l'enrichit. Tel est, il me semble, le rôle premier de l'art, et cette exposition en est un exemple éloquent. Comme le dit Ovide :

> Et comme la cire malléable sur quoi l'on grave de nouvelles empreintes
> Ne reste pas telle qu'elle était, ne garde pas la même forme
> Tout en étant la même cire, il en est ainsi pour l'âme qui reste la même
> Mais qui adopte […] diverses apparences[17].

L'action de ramasser une pierre à ses pieds, à la façon de Deucalion, exige identification et reconnaissance – l'élaboration d'un inventaire perceptuel – mais c'est dans le lancer de la pierre que s'effectue la métamorphose magique. Et dans cette action, à la fois geste et articulation – l'objet matériel et sa forme spirituelle; l'attribution d'une nouvelle signification – enveloppe l'œuvre de Sylvia Safdie de son mystère figural.

46 **Well** (plans fixes vidéo) 2003

50

47 **Vessels** (plan fixe vidéo) 2003

Notes

1 Ovide, *Les Métamorphoses*, Paris, «Thesaurus» Actes Sud, 2001, trad. Danièle Robert, Livre Premier, p. 1.

2 James D. Campbell fut le premier à associer la notion d'empathie au travail de Safdie. Voir «L'instant d'empathie», *Sylvia Safdie*, Montréal, Centre Saidye Bronfman, 1987, p. 66–79

3 *The Norton Anthology of Poetry*, 4ᵉ éd., sous la dir. de Margaret Ferguson, Mary Jo Salter et Jon Stallworthy, New York et Londres, W.W. Norton, 1996, p. 1219.

4 Marina Warner, *Fantastic Metamorphoses, Other Worlds: Ways of Telling the Self*, Oxford, Oxford University Press, 2002, p. 18.

5 *Ibid.*, cité dans Peter Hulme, *Colonial Encounters: Europe and the Native Carribean 1492–1797*, Londres, Methuen, 1992, p. 93.

6 Simone Weil, *La pesanteur et la grâce*, Paris, UGE, 1966, p. 60.

7 Voir Patrick Mauriès, *Cabinets de Curiosités*, Paris, Gallimard, 2002.

8 Albertus Seba, *Loccupletissimi Thesauri Accurata Descriptio*, Amsterdam, 1734–1765, 4 volumes. Je tiens à remercier Eleanor MacLean, responsable de la Blacker-Wood Library of Biology, McGill University, de m'avoir fait connaître ce remarquable ouvrage.

9 Walter Benjamin, «Imagination», *Fragments philosophiques, politiques, critiques, littéraires*, éd. Rolf Tiedemann et Hermann Schweppenhäuser, trad. Christophe Jouanlanne et Jean-François Poirier, Paris, Presse Universitaires de France, 2001, p. 147.

10 Warner, *op. cit.*, p. 18–19.

11 Thomas Wynn, «Tools and Tool Behaviour», *Companion Encyclopedia of Anthropology*, Londres, New York, Routledge, 1994, p. 133–162.

12 Jacques Rancière propose une description perspicace, voire tangible de l'utopie «le pouvoir de réaliser un cartographie commune d'un *espace discursif* et d'un *espace territorial*» dans son essai «Discovering New World: Politics of Travel and Metaphors of Space», *Traveller's Tales: Narratives of Home and Displacement*, sous la dir. de George Robertson, Londres, Routledge, 1994, p. 31.

13 Edmond Jabès, «Le Soupçon, Le Désert», *Le Livre des Ressemblances II*, Paris, Gallimard, p. 85.

14 Ilga Leimanis a proposé une interprétation capitale de cette œuvre dans un papier non publié intitulé «Book Works as 'Memory Sculpture'» présenté au Department of Visual Arts, University of Rochester, en mars 2001. Je lui suis reconnaissante d'avoir partagé son texte avec moi.

15 Cité dans Barbara Novak, *Nature and Culture: American Landscape and Painting 1825–1875*, New York, Oxford University Press, 1980, p. 43.

16 Rainer Maria Rilke, *Œuvres 2 : Poésie*, Paris, Le Seuil, 1972.

17 Ovide, *op. cit.*, Livre Quinzième, p. 607.

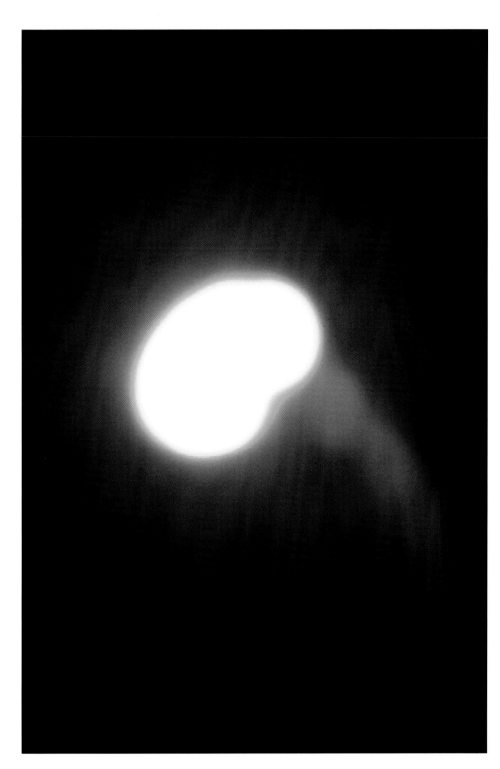

48 **Flame** (plan fixe vidéo) 2003

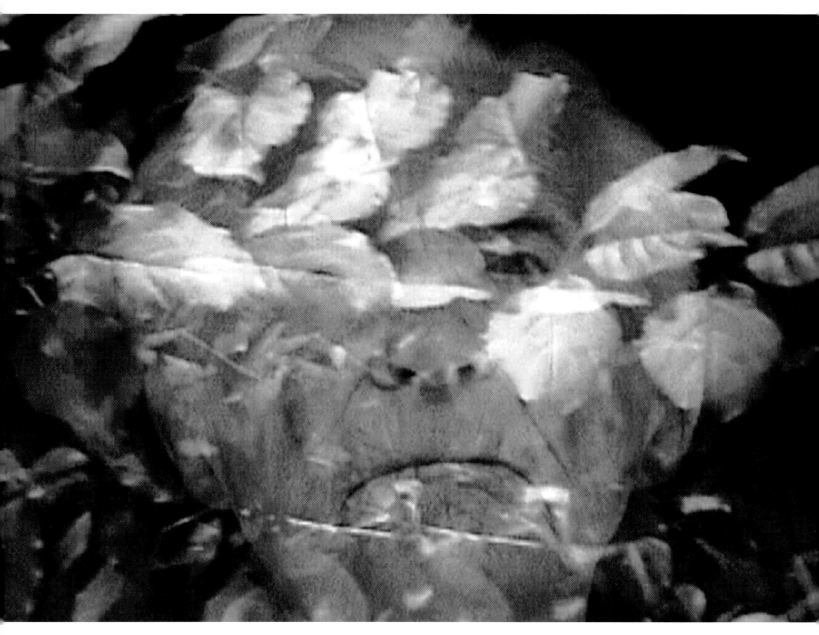

Walter/Leaves 2002
(Video still)

49 **Walter/Leaves** 2002 and **Tree No. A** (detail/détail) 2001
View of installation at Tom Thomson Memorial Art Gallery,
Owen Sound

Time's Betrayal: On *Walter/Leaves*

During the course of preparations for her exhibition *Extensions,* mounted at the Tom Thomson Memorial Art Gallery[1] in 2002, Sylvia Safdie wrote me an e-mail letter that opened with the phrase: "Time passes and often has its own will; often it betrays us."[2] This eloquent statement about time's paradox was dropped like a stone into a pond, and its ripples are still felt. Within the artist's work there is an interrogation of time, revealing its callous betrayal – time robs us of clear perception, awareness of it strikes up a race between present reality and reflection. Like Orpheus, the hero of Greek mythology, in his flight from the underworld, we risk losing everything with a backward glance. Reflection turns presence into absence – this is time's betrayal.

Walter/Leaves [cat. 50] is a wall-sized projection featuring a full-frame image of an elderly man's face in a confrontational close-up. His white hair, furrowed skin and heavy-lidded eyes are enlarged to such a massive scale that he fills the viewer's peripheral vision, becoming a landscape of sorts. One realizes after a moment with the work that we are watching real time unfold, albeit slightly slowed. The artist's framing of the situation has focused our attention to such a degree that the smallest changes are suddenly dramatic, each moment operatic. Walter stares into the distance, after a while his eyelids grow heavy and flutter, he sleeps, he rouses, lifts his gaze, shifts his weight. Sometimes, in his waking state, we see the flicker of meandering thoughts in his countenance, like the shadows of clouds passing over open fields. It is through the subtle movement of his eyes and lips that we sense life and breath; we sense relaxed peace, undisturbed by the camera. The projection has no sound but we do hear – as Safdie says: "Silence makes room for sound."[3]

The glass between the artist and subject reflects images of leaves blowing in the wind. This screen of leaves passes before Walter in rhythmic swells that mimic breath. Contemporary viewers will assume this beautiful visual effect is a bit of digital wizardry, but, in fact, it is a truthful depiction of a simple reflection.

Walter's stillness is in contrast with the balletic grace of the wind-tossed leaves. This juxtaposition gives added dimension to Safdie's portrait-of-the-moment. The timing of the man's breath, the passing of his life, occurs at a regular pace in small measured moments, unlike the random waves of the leaves. In this work, Safdie brings the viewer to an intimate engagement with another person's perception, appropriately glimpsed through the veil of nature's passing.

The notion of hovering time is resonant in this video loop, seamlessly repeating itself. There is a profound sense of loss in a space where time stands still, where endings are denied, when natural conclusion is elusive. In his book entitled *Pictures and Tears*, art theorist James Elkins writes:

> There is something peculiar about the way pictures break into our sense of time, collapsing the even movement of the clock, making time pass roughly or grind to a static halt. In everyday life the forward motion of time, the slow incremental walk toward the end of our lives, is an unbearably light burden – we scarcely notice it. Time flows quietly and doesn't cause us any pain. Some part of us knows that every day lived is another day taken away: but most people, I think, are reconciled to that completely ordinary fact. It hurts when time suddenly leaps forward, as it does when someone we know dies or when we find ourselves unexpectedly older. And it hurts when time suddenly halts, as it does when we encounter someone we have not seen for years. Visual art, I think, has a particular capacity to pick out those moments.[4]

Elkins is discussing painting, but Safdie uses video images in a manner not unlike painting. Time is invested in the making of the images; they are composed carefully and rely on colour, texture, space and scale for their impact. The image of *Walter/Leaves* is committed to permanence, like a painting. While we and the world around us change, it remains the same.

Sylvia Safdie's work confronts time, extricating its beauty despite our emotional aversion to such an examination. Her work leads us to ponder issues of permanence, of absence and presence. In the modern world many people live nomadic lives, disconnected from the land of their origins and from a sense of living in real time. *Walter/Leaves* is a meditation, a touchstone, grounding the viewer in non-verbal understanding of place and being.

Notes

1 *Sylvia Safdie: Extensions* was mounted at the Tom Thomson Art Gallery from May 3 to June 23, 2002, and toured to the Art Gallery of Mississauga from September 12 to October 27, 2002.

2 Sylvia Safdie, E-mail correspondence, November 21, 2001.

3 Notes taken during a studio visit in Montréal, November 21, 2001.

4 Elkins, James. *Pictures and Tears: A History of People Who Have Cried in Front of Paintings* (New York and London, Routledge, 2001),133.

Gulls (plans fixes vidéo) 2002

Walter/Leaves ou La trahison du temps

Dans le cadre des préparatifs en vue de la présentation de son exposition *Extensions* à la Tom Thomson Memorial Art Gallery[1], Sylvia Safdie m'a envoyé un courriel s'ouvrant sur cette phrase : « Le temps passe et souvent il a sa propre volonté; souvent il nous trahit[2]. » Cette déclaration éloquente sur le paradoxe du temps fut lancée comme une pierre dans un étang, et les ondulations se font toujours sentir. L'œuvre de Safdie recèle une interrogation du temps qui témoigne de sa trahison cruelle. Le temps nous prive de perception distincte, la conscience du temps engendre une lutte entre la réalité présente et le reflet. Comme Orphée, héros de la mythologie grecque, au terme de son voyage aux Enfers, nous risquons de tout perdre en nous retournant. Le reflet transforme la présence en absence : telle est la trahison du temps.

Walter/Leaves [cat. 50] est une projection murale d'une image plein cadre, d'un gros plan agressif du visage d'un vieillard. Hypertrophiés, ses cheveux blancs, ses traits burinés et ses yeux aux lourdes paupières occupent jusqu'au champ visuel périphérique du spectateur; le visage du vieillard prend des allures de paysage. En nous y attardant, nous nous rendons compte que nous sommes témoins du déroulement – légèrement ralenti – du temps réel. La mise en scène de la situation captive littéralement notre attention, le moindre changement prend des allures de drame, chaque instant tient de l'opéra. Walter regarde au loin; au bout d'un moment ses paupières s'alourdissent et battent, il dort, il se réveille, il lève les yeux, il change de position. Lorsqu'il est éveillé, on croit apercevoir, l'espace d'un moment, le cours de ses pensées vagabondes, telles des ombres de nuages traversant des champs ouverts. C'est à travers le mouvement subtil de ses yeux et de ses lèvres que nous devinons la vie et le souffle; nous pressentons une paix sereine que la caméra ne parvient pas à troubler. La projection n'est pas sonore mais néanmoins nous entendons. Comme le dit Safdie : « Le silence réserve une place au son[3]. »

Le verre entre l'artiste et le sujet reflète les images des feuilles balayées par le vent. Cet écran de feuilles défile devant Water dans des renflements rythmiques qui imitent le souffle. Les spectateurs attribueront ce remarquable effet visuel à la magie de la numérisation, mais il s'agit en fait de la représentation fidèle d'un reflet.

L'immobilité de Walter s'oppose à la valse gracieuse des feuilles. Cette juxtaposition apporte une autre dimension au « portrait du moment » réalisé par Safdie. Le souffle de l'homme – le passage de sa vie – observe un rythme régulier, ponctuation de moments mesurés qui fait contraste aux tourbillons impétueux des feuilles. Dans *Walter/Leaves*, Safdie convie le spectateur à un partage intime de la perception d'une autre personne, entraperçue, comme il se doit, à travers le voile du cours de la nature.

La notion de temps trouve sa pleine expression dans cette boucle vidéo, qui se veut une répétition sans fin. Il se dégage un profond sentiment de perte d'un espace où le temps s'est arrêté, où les dénouements sont refusés, où la conclusion naturelle est insaisissable. Dans son ouvrage intitulé *Pictures and Tears*, le théoricien d'art James Elkins écrit :

> Il y a quelque chose d'étrange dans la façon dont les images bouleversent notre notion du temps, interceptant le mouvement régulier de l'horloge, marquant le passage du temps à un rythme irrégulier ou l'arrêtant brusquement. Dans la vie de tous les jours, le mouvement du temps, la marche lente, inéluctable vers la fin de notre vie, est un fardeau d'une insoutenable légèreté – nous en sommes à peine conscients. Le temps s'écoule sans bruit. Il ne nous fait pas souffrir. Nous ne sommes pas sans savoir que chaque jour passé est un jour de moins, mais je crois que la majorité des gens en sont venus à accepter ce fait tout à fait banal. Ça fait mal quand le temps fait un bond en avant, comme il le fait lorsque quelqu'un que nous connaissons meurt ou que nous prenons un coup de vieux. Et ça fait mal quand le temps s'arrête soudainement, comme il le fait lorsque nous croisons quelqu'un que nous n'avons pas vu depuis des années. Je crois que l'art visuel a une capacité qui lui est propre de reconnaître ces moments[4].

Elkins fait référence à la peinture. Or Safdie utilise la vidéo d'une manière qui n'est pas sans rappeler la peinture. La création d'images exige du temps; elles sont composées avec soin et dépendent de la couleur, de la texture, de l'espace et de l'échelle pour leur effet. L'image de *Walter/Leaves* est vouée à la permanence, à la manière d'une peinture. Tandis que nous et le monde qui nous entoure changeons, elle demeure la même.

Le travail de Sylvia Safdie affronte le temps. Il en dégage la beauté malgré l'aversion affective que nous éprouvons pour ce genre d'examen. Ses œuvres nous incitent à réfléchir à des questions de permanence, d'absence et de présence. Dans le monde moderne nombreux sont ceux qui mènent une existence nomade, isolés de la terre qui les a vus naître et d'un sentiment de vivre en temps réel. *Walter/Leaves* est une méditation, une pierre de touche, inculquant au spectateur une compréhension non verbale du lieu et de l'être.

Notes

1   L'exposition *Sylvia Safdie: Extensions* a été présentée à la Tom Thomson Memorial Art Gallery du 3 mai au 23 juin 2002 et à l'Art Gallery of Mississauga du 12 septembre au 27 octobre 2002.

2   Courriel de Sylvia Safdie, 21 novembre 2001.

3   Notes prises au cours d'une visite d'atelier à Montréal, 21 novembre 2001.

4   James Elkins, *Pictures and Tears: A History of People Who Have Cried in Front of Paintings*, New York et Londres, Routledge, 2001, p. 133.

List of Works Reproduced/Liste des œuvres reproduites

Works in the exhibition are marked with *
Les œuvres exposées sont suivies d'un *

1 **Inventory** (detail/détail) (1972-)
stones, bronze/pierres, bronze

2* **Inventory** (partial view/vue partielle) (1972-)
organic material, bronze, steel, glass, plaster, wood/matériaux organique, bronze, acier, verre, plâtre, bois

3 **Inventory (heads)** (1993-)
stones, bronze/pierres, bronze

4 **Cabinet of Curiosities/Cabinet de curiosités** 1706
From Vincent Levin, *Het Wondertooneel der Nature*, 1706, plate III/Reproduit dans Vincent Levin, *Het Wondertooneel der Nature*, 1706, planche III.

5 **Rimmonim No. 1, No. 2, No. 3** 1988
bronze
10 cm x10 cm x 10 cm each/chacun

6* **Head No. 1** 1997
stone, bronze electroplated stone/ pierre, bronzage galvanoplastique sur pierre
28 cm x 18 cm x 6 cm

7* **Headstone No. 1** 1993
stone, steel/pierre, acier
29 cm x 18 cm x 6 cm

8* **Steel/Stone No. 11** 2000
steel, stone/acier, pierre
12 cm x 14 cm x 81 cm

9* **Steel/Stone No. 7** 1999
steel, stone/acier, pierre
4,5 cm x 7 cm x 54 cm

10* **Steel/Stone No. 12** 2000
steel, stone/acier, pierre
7 cm x 16,5 cm x 78,2 cm

11* **Steel/Stone No. 13** 2000
steel, stone/acier, pierre
14 cm x 12,2 cm x 78,8 cm

12* **Steel/Stone No. 14** 2002
steel, stone/acier, pierre
11 cm x 11,7 cm x 59 cm

13* **Bronze/Stone No. 2** 1996
bronze, stone/bronze, pierre
10 cm x 20 cm x 62 cm

14* **Bronze/Stone No. 1** 1996
bronze, stone/bronze, pierre
16 cm x 28 cm x 62 cm

15* **Conjunctions No. 1, No. 2, No. 3, No. 4, No. 5** 1999
steel, bronze electroplated wood, wood/acier, bronzage galvanoplastique sur bois, bois

16* **Conjunction No. 4** 1999
steel, bronze electroplated wood, wood/acier, bronzage galvanoplastique sur bois, bois
7 cm x 495 cm x 8 cm

17* **Conjunction No. 3** 1999
steel, bronze electroplated wood, wood/acier, bronzage galvanoplastique sur bois, bois
10 cm x 447 cm x 13 cm

18* **Conjunction No. 5** 1999
steel, bronze electroplated wood, wood/acier, bronzage galvanoplastique sur bois, bois
10 x 455 x 6cm

19* **Stone Cutter** 2003
DVD (projection)

20* **Foot** 2003
DVD (projection)

21 **Inventory** (feet) (1992-)
stone, bronze, glass/pierre, bronze, verre

22* **Feet No. 110** 2001
bronze/bronze
12 cm x 7 cm x 23,5 cm each/chacun

23* **Feet No. 200** 1996
glass, sand/verre, sable
5 cm x 10,2 cm x 23 cm each/chacun

24* **Earth** (partial view/vue partielle) (1977-)
steel, earth/acier, terre
bowls/bols: 9 cm x 9 cm x 5 cm each/ chacun

25* **Earth No. 8** 1977
steel, earth/acier, terre
9 cm x 9 cm x5 m

26* **Earth No. 221** 1993
steel, earth/acier, terre
5 cm x 5 cm x 9 cm

27* **Earth No. 36** 1980
steel, earth/acier, terre
9 cm x 9 cm x 5 cm

28* **Earth No. 390** 1999
steel, earth/acier, terre
9 cm x 9 cm x 5 cm

29 **Threshold No. 2** 2001
sand, earth, bronze, glass/sable, terre, bronze, verre
94 cm x 183 cm x 380 cm

30 **Threshold No. 3** 2003
branch, fossils, glass, bronze/branche, fossiles, verre, bronze
94 cm x 183 cm x 380 cm

31 Sefer No. 6o 2000
book, bronze, wood, steel, glass/livre,
bronze, bois, acier
129,5 cm x 67 cm x 61 cm

**32* Shifts No. 1, No. 2, No. 3, No. 4,
No. 5, No. 6** 2003
sand, varathane, nylon/sable, varathane,
nylon
359 cm x 91 cm

33* Earth Marks Series IX, No. 1 2001
earth, oil on mylar/terre, huile sur mylar
231 cm x 104 cm

34* Earth Marks Series IX, No. 3 2001
earth, oil on mylar/terre, huile sur mylar
231 cm x 104 cm

35 Notations pg. 477 2001
watercolour, graphite on mylar/
aquarelle, mine de plomb sur mylar
43,2 cm x 35 cm
Private collection/Collection particulière

36* Notations pg. 476 2001
watercolour, graphite on mylar/
aquarelle, mine de plomb sur mylar
43,2 cm x 35 cm

37 Notations pg. 478 2001
watercolour, graphite on mylar/
aquarelle, mine de plomb sur mylar
43,2 cm x 35 cm
Private collection/Collection particulière

38 Notations pg. 474 2001
watercolour, graphite on mylar/
aquarelle, mine de plomb sur mylar
43.2 x 35 cm
Private collection/Collection particulière

39 Notations pg. 473 2001
watercolour, graphite on mylar/
aquarelle, mine de plomb sur mylar
43,2 cm x 35 cm
Private collection/Collection particulière

40 Notations pg. 512 2003
watercolour, graphite on mylar/
aquarelle, mine de plomb sur mylar
43,2 cm x 35 cm

41* Notations pg. 487 2001
earth, oil on mylar/terre, huile sur mylar
43,2 cm x 35 cm

42* Notations pg. 490 2002
watercolour, graphite on mylar/
aquarelle, mine de plomb sur mylar
43,2 cm x 35 cm

43* Notations pg. 488 2002
oil, watercolour, graphite on mylar/
aquarelle, mine de plomb sur mylar
43,2 cm x 35 cm

44 Notations pg. 481 2001
watercolour, graphite on mylar/
aquarelle, mine de plomb sur mylar
43,2 cm x 35 cm

45* Be'er No. 4 1995
mirror, steel/miroir, acier
diam.: 220 cm x 101,6 cm

46* Well 2003
DVD

47* Vessels 2003
DVD

48* Flame 2003
DVD

49 Walter/Leaves 2002
Tree No. A 2001
DVD (projection), bronze

50 Walter/Leaves 2002
DVD (projection)

51 Gulls 2002
DVD (projection)

52* Inventory (partial view/vue partielle) (1972-)
organic material, bronze, steel, glass,
plaster, wood/matériaux organique,
bronze, acier, verre, plâtre, bois

Biographies

Sylvia Safdie

Sylvia Safdie was born in Aley, Lebanon, in 1942 and spent her early years in Haifa, Israel. She moved to Canada with her family in 1953. She completed her Bachelor of Fine Arts at Concordia University in 1975. Since then, she has been a practicing visual artist living and working in Montreal. Sylvia Safdie has exhibited both nationally (Montréal, Ottawa, Toronto, Calgary and Vancouver, among others) and internationally: in the United States (New York, Chicago, Miami, San Diego), in Europe (London, Paris, Copenhagen, Geneva) and East Asia (Beijing). Her most recent solo exhibitions have included *Autres Territoires* (Centre culturel canadien, Paris, 2000), *Reflections* (Peak Gallery, Toronto, 2001) and *Extensions* (Tom Thomson Memorial Art Gallery, Owen Sound, ON, 2002).

Irena Žantovská Murray

Irena Žantovská Murray was born in Prague, Czech Republic, and came to Canada in 1968. She received her Ph.D. in Architectural History and Theory from McGill University where she currently holds the position of Chief Curator, Rare Books and Special Collections. She has been active as a writer and trans- lator and has published extensively in the field of Central European modernism. As guest curator, she par- ticipated in a number of exhibitions, including *Czech Cubism, Architecture and Design, 1909–1925* (Canadian Centre for Architecture and the Cooper-Hewitt National Museum of Design, 1992–1993) and *City Off- Center: the Architecture of New Prague* (The World Financial Center, 1994). She has written about the work of several contemporary Canadian artists, including Jana Sterbak, Barbara Steinman and Sylvia Safdie.

Stuart Reid

Born in Dundee, Scotland, Reid immigrated to Canada in 1967. He studied art and art history at York University in Toronto (BFA 1986). From 1990 to 1992, Reid was an Associate Curator at The Craft Gallery of the Ontario Crafts Council and Director of the John B. Aird Gallery, both in Toronto. From 1992 to 2001, Reid was Curator at the Art Gallery of Mississauga. In 1997, he was a guest of the British Council on a study tour of Contemporary Art in Northern Ireland. Since 2001, he has been Director and Curator of the Tom Thomson Memorial Art Gallery in Owen Sound, ON. Reid is an alumnus of the J. Paul Getty Trust's MMI 2002, led by the Getty Leadership Institute at the University of California at Berkeley. He is an active writer, critic and curator of contemporary art and craft. He lives in Annan, Ontario.

Biographies

Sylvia Safdie

Sylvia Safdie est née à Aley, au Liban, en 1942. Elle a vécu les premières années de sa vie à Haïfa, en Israël. Elle s'est installée au Canada avec sa famille en 1953. Elle est titulaire d'un baccalauréat en art de l'Université Concordia (1975). Elle vit et travaille à Montréal. Sylvia Safdie a participé à des expositions au Canada (Montréal, Ottawa, Toronto, Calgary, Vancouver, entre autres), aux États-Unis (New York, Chicago, Miami, San Diego), en Europe (Londres, Paris, Copenhague, Genève) et en Asie de l'Est (Pékin). Parmi ses récentes expositions personnelles, mentionnons *Autres Territoires* (Centre culturel canadien, Paris, 2000), *Reflections* (Peak Gallery, Toronto, 2001) et *Extensions* (Tom Thomson Memorial Art Gallery, Owen Sound, 2002).

Irena Žantovská Murray

Irena Žantovská Murray est née à Prague, en République tchèque. Elle s'est installée au Canada en 1968. Elle est titulaire d'un doctorat en histoire et en théorie de l'architecture de l'Université McGill où elle occupe le poste de conservatrice en chef, département des livres rares et collections spéciales. Auteur et traductrice, elle a publié de nombreux ouvrages sur le modernisme en Europe centrale. Elle a agit à titre de commissaire invitée dans le cadre de plusieurs expositions, dont *Le cubisme tchèque : Architecture et design, 1909–1925* (Centre Canadien d'Architecture et Cooper-Hewitt National Museum of Design, 1992–1993) et *City Off-Center: the Architecture of New Prague* (The World Financial Center, 1994). Elle est l'auteur de plusieurs textes sur le travail d'artistes canadiennes contemporaines, notamment Jana Sterbak, Barbara Steinman et Sylvia Safdie.

Stuart Reid

Natif de Dundee, en Écosse, Stuart Reid s'est installé au Canada en 1967. Il a étudié en art et en histoire de l'art à l'Université York à Toronto (BFA 1986). De 1990 à 1992, Reid a occupé les postes de conservateur associé de la Guilde du Conseil des métiers d'art de l'Ontario et de directeur de la John B. Aird Gallery, à Toronto. De 1992 à 2001, il a été conservateur à l'Art Gallery of Mississauga. En 1997, il a participé à un voyage d'études en Irlande du Nord organisé par le British Council. Depuis 2001, il est directeur-conservateur de la Tom Thomson Memorial Art Gallery à Owen Sound, en Ontario. Reid a participé au programme MMI 2002 offert par le Getty Leadership Institute à l'Université de la Californie, Berkeley. Il œuvre comme écrivain, critique et conservateur de l'art contemporain et des métiers d'art. Stuart Reid vit à Annan, en Ontario.

Acknowledgements

Several people have significantly contributed to the realization of this exhibition. We want to thank Adah Hannah for his capable video editing, Dirk Bohns for his generous help with the video projections, and Ola Van Schoonhoven for her studio assistance. Also, we greatly appreciate Eli Brown's assistance in the digitization and editing of the images included in the catalogue. In addition we are particularly grateful to Renata Hochelber for her important role in the development of the present exhibition, as well as for her ongoing contribution and support.

Irena Žantovská Murray and Sylvia Safdie

I would like to thank my brother Gabriel Safdie for his generous contribution to my *inventory* and my mother Rachel Safdie for her continual encouragement.

Sylvia Safdie

Remerciements

La réalisation de cette exposition résulte des efforts conjugués de plusieurs individus. Nous remercions Adah Hannah pour son habile montage vidéo, Dirk Bohns pour ses précieux conseils en matière de présentations vidéo, et Ola Van Schoonhoven pour son soutien technique. Nous sommes reconnaissantes à Eli Brown qui a pris en charge la numérisation et le montage des images reproduites dans ce catalogue. Nous sommes particulièrement redevables à Renata Hochelber qui a joué un rôle de premier plan dans la genèse de cette exposition et qui continue de nous apporter un appui indéfectible.

Irena Žantovská Murray et Sylvia Safdie

Je tiens à remercier mon frère Gabriel Safdie pour sa contribution généreuse à mon *inventaire* et ma mère Rachel Safdie pour son encouragement soutenu.

Sylvia Safdie